Experimentando y Adorando a Dios

Participando intencional y consistentemente con Dios en una relación más profunda

Robert E. Logan
con Charles R. Ridley

Dimensiones del Discipulado de la Viña

Desarrollado en Asociación con

Multiply **Vineyard**

VINEYARD MISSIONS™

Publicado por Logan Leadership

Visítenos en: **www.discipleshipdifference.com**

A menos de que se indique de manera distinta, todas las citas de la Escritura fueron tomadas de La Santa Biblia, Nueva Versión Internacional, copyright © 1999, 2011-2015 por Biblica®. Usado con permiso de Biblica®, 1820 Jet Stream Drive, CO Springs, 8092. Todos los derechos reservados.

ISBN: 978-1-944955-27-4

Impreso en los Estados Unidos de América

Reconocimiento

La habilidad de escritura excepcional de Tara Miller trae nuestros pensamientos e ideas a la vida. Por encima de otros, ella hace que este libro sea posible. Por muchos años, su colaboración creativa ha hecho posible el dar recursos escritos a la iglesia para que las personas puedan descubrir y vivir el propósito que Dios les ha dado.

Traducción al español por Cristina Di Stefano.

CONTENIDO

Dimensiones del Discipulado

Un discípulo de Jesús es un reflejo de Dios en el mundo. Cuando Jesús hablaba acerca del discipulado, se refería a una entrega total.

> *"Grandes multitudes seguían a Jesús, y él se volvió y les dijo: 'Si alguno viene a mí y no sacrifica el amor a su padre y a su madre, a su esposa y a sus hijos, a sus hermanos y a sus hermanas, y aun a su propia vida, no puede ser mi discípulo. Y el que no carga su cruz y me sigue, no puede ser mi discípulo. Supongamos que alguno de ustedes quiere construir una torre. ¿Acaso no se sienta primero a calcular el costo, para ver si tiene suficiente dinero para terminarla? Si echa los cimientos y no puede terminarla, todos los que la vean comenzarán a burlarse de él, y dirán: Este hombre ya no pudo terminar lo que comenzó a construir.'"*

> \-   *Lucas 14:25-30*

No tenemos que ser perfectos para ser discípulos de Jesús, pero sí tenemos que saber a qué nos estamos comprometiendo y estar dispuestos a someter todas las áreas de la vida a Dios. Mientras Jesús discipulaba a personas, Él esperaba que sus discípulos abordaran todos los aspectos de su vida, sus relaciones, y hasta la sociedad misma.

Un discípulo real necesita acoger y crecer en todas las dimensiones del discipulado. No podemos ser ¾ de un discípulo, escoger sólo lo que nos gusta, ya que cuando un discípulo está completamente entrenado se vuelve como su maestro: Jesús (Lucas 6:40). El discipulado verdadero es integral: no podemos estar contentos con sólo crecer en unas áreas, mientras que en otras estemos careciendo.

Ya que hemos considerado la naturaleza del discipulado, hemos creado un diagrama para representar las 8 dimensiones de un discípulo. Cuando Jesús se encarnó y vivió entre nosotros, estas son las maneras en las que lo vimos a Él vivir. Vea el diagrama y las categorías a continuación. Luego evalúe su propia vida. Permita también que otros hagan comentarios de su vida que le edificarán: nunca viajamos solos por el camino cuando permitimos a Dios trabajar en nuestras vidas.

Preámbulo de la Viña

Dios nos ha llamado – y sigue llamándonos – a un modelo bíblico del discipulado. El discipulado es un fundamento absoluto del movimiento de la Viña. Significa seguir a Jesús con todo nuestro ser.

La progresión de ser cada vez más como Jesús – viviendo, amando, sirviendo, ayudando a otros a ser seguidores de Jesús – es nuestra responsabilidad al igual que nuestra identidad como personas.

Vivimos nuestro discipulado en nuestras palabras, en nuestras acciones, en la presencia de la comunidad, tanto con los que creen, como con los que no.

Como discípulos en el camino a ser más como Jesús, anhelamos la venida del reino en toda su plenitud, el gobierno y reinado de Dios. Vivimos en el "ya", y vivimos en el "todavía no". En la comunidad, en la Escritura, en la formación espiritual, en la dinámica de la obra de Dios entre nosotros, podemos ver destellos y tener probadas del reino que está por venir.

Por lo tanto, acogemos el proceso continuo de ser discípulos, que hacen discípulos, que hacen más discípulos. Así como la levadura se mezcla en toda la masa, el evangelio se reproduce por toda la Tierra. El resultado son discípulos haciendo más discípulos que hacen más discípulos, y luego reuniéndose en comunidades del reino llamadas iglesias.

El discipulado no es algo que podremos terminar en esta vida. Continuamos creciendo en el conocer, en el ser y en el hacer. Progresamos de una experiencia del Espíritu Santo, a fe en Jesús, a reconciliación con el Padre. Somos bautizados, nos convertimos en pescadores de hombres, obedecemos y enseñamos a otros a obedecer. Somos transformados y estamos transformando. Nos movemos hacia un compromiso de todo corazón a Dios y su reino. El proceso del discipulado es de vida a vida, de cara a cara, y de mano a mano. Junto con otros, somos invitados a unirnos a Jesús en el camino continuo de la fe.

Creciendo tu experimentando y adorando a Dios

Esta guía es una de las ocho guías de discipulado de la serie "Dimensiones del Discipulado de la Viña." Lo importante no es la guía con la cual comiences. Empieza leyendo donde tú quieras, y continúa hacia donde Dios te dirija. Cuando vivimos en un ritmo y fluir dinámico de una vida misional, necesitamos escuchar la dirección del Espíritu Santo. Estas ocho guías están organizadas según el diagrama que se muestra a continuación; examínalo para ver cómo encajan juntas cada una de las piezas.

Experimentar a Dios significa comprometerte intencional y conscientemente con Dios, de tal manera que te abras a un entendimiento más profundo de Él, y a una relación más profunda con Él. Debemos usar nuestras mentes, nuestros cuerpos, nuestras almas y nuestras emociones para amarlo.

Como respuesta el hombre citó: —"Ama al Señor tu Dios con todo tu corazón, con todo tu ser, con todas tus fuerzas y con toda tu mente", y: "Ama a tu prójimo como a ti mismo." –Lucas 10:27

Podemos entrar en comunión con Dios usando todos nuestros sentidos y de muchas maneras distintas: a través de la música, de la oración, de la Escritura, y del mundo natural. Los métodos para experimentar a Dios son infinitos. El siguiente trayecto consiste de cinco partes y cubre estas cinco expresiones esenciales de una experiencia con Dios:

- o Incrementando tu conocimiento de Dios y su reino
- o Buscando conocer a Dios más profundamente
- o Reflexionando y aplicando la Escritura en tu vida diaria
- o Experimentando un diálogo auténtico e interactivo con Dios
- o Participando activamente en un estilo de vida de adoración

Reúnete con un grupo de tres o cuatro para hablar de cada una de estas expresiones. Hazle a cada uno las siguientes preguntas. Espera, y pon atención a las respuestas que surgen del corazón. Anímense, desafíense y afírmense uno al otro. Vayan a su propio paso: pueden estudiar una guía a la semana, o una guía cada mes. Sigan cualquier ritmo que funcione mejor para ustedes. Asegúrense de dejar tiempo suficiente para comenzar a vivir cada una de estas conductas.

1ª Parte:

Incrementando tu conocimiento de Dios y su reino

Pregunta clave: *¿Cómo estás creando una mayor consciencia de la presencia de Dios y su reino de manera intencional?*

A veces sentimos un poco de la presencia de Dios a nivel emocional, y a veces no la sentimos. Sabemos que Él siempre está ahí, sin importar lo que sintamos. ¿Cómo podemos seguir viviendo la experiencia de la realidad de Dios, aún cuando Él se sienta tan lejos de nosotros? ¿Cómo podemos sintonizarnos con la realidad de su reino?

La presencia de Dios y su reino nos sostiene y nos nutre cuando tenemos problemas o trayectos difíciles por venir. Así como Jesús nos ofreció su cuerpo y sangre durante la última cena, continuamos necesitando ese sustento del Espíritu de Dios que nos mantiene y ayuda a seguir adelante.

A veces sentimos el reino de Dios en las cosas grandes, como en los cambios y desafíos grandes en nuestras vidas, y a veces sentimos su reino en las cosas pequeñas, como en una brisa gentil o en el sol sobre nuestro rostro. Nuestra meta es percatarnos cada vez más del amor y la presencia de Dios en este mundo sin manufacturar emociones, sino conectarnos con cómo Dios ya nos está hablando y reconocer su presencia en nuestras vidas y en nuestro mundo.

Meditación

Bede Griffiths, un monje benedictino, detalla algo que él experimentó como niño. Estaba caminando en la noche, cuando de repente lo deslumbró la hermosa canción de una parvada. La belleza de su canto parecía despertar sentidos que él nunca había usado. En un instante, el mundo parecía haberse transformado mágicamente, y todo en él parecía explotar con lo que él llama un "tipo de personalidad sacramental. Recuerdo ahora el sentimiento de asombro que me sobrevino," escribió, "me sentí inclinado a hincarme en el suelo... y casi no podía voltear a ver la faz del cielo, porque parecía ser sólo un velo delante del rostro de Dios."

¿Cuándo has experimentado algo así? Toma un tiempo para revivir ese momento en tu memoria, recreando la experiencia sensorial.

Esta semana lee y reflexiona diariamente en la Escritura presentada a continuación. Comienza un fluir natural de oración conversacional con el Espíritu Santo al meditar en las Escrituras, invitándolo a que Él se revele. Luego reúnete con los que estás compartiendo esta trayectoria, e interactúen con las preguntas del discipulado.

1 Reyes 19:3-18

³ Elías se asustó y huyó para ponerse a salvo. Cuando llegó a Berseba de Judá, dejó allí a su criado ⁴ y caminó todo un día por el desierto. Llegó adonde había un arbusto, y se sentó a su sombra con ganas de morirse. «¡Estoy harto, SEÑOR! — protestó—. Quítame la vida, pues no soy mejor que mis

antepasados.» ⁵ Luego se acostó debajo del arbusto y se quedó dormido.

De repente, un ángel lo tocó y le dijo: «Levántate y come.» ⁶ Elías miró a su alrededor, y vio a su cabecera un panecillo cocido sobre carbones calientes, y un jarro de agua. Comió y bebió, y volvió a acostarse.

⁷ El ángel del Señor regresó y, tocándolo, le dijo: «Levántate y come, porque te espera un largo viaje.» ⁸ Elías se levantó, y comió y bebió. Una vez fortalecido por aquella comida, viajó cuarenta días y cuarenta noches hasta que llegó a Horeb, el monte de Dios. ⁹ Allí pasó la noche en una cueva.

Más tarde, la palabra del Señor vino a él.

—¿Qué haces aquí, Elías? —le preguntó.

¹⁰ —Me consume mi amor por ti, Señor Dios Todopoderoso — respondió él—. Los israelitas han rechazado tu pacto, han derribado tus altares, y a tus profetas los han matado a filo de espada. Yo soy el único que ha quedado con vida, ¡y ahora quieren matarme a mí también!

¹¹ El Señor le ordenó:

—Sal y preséntate ante mí en la montaña, porque estoy a punto de pasar por allí.

Como heraldo del Señor vino un viento recio, tan violento que partió las montañas e hizo añicos las rocas; pero el Señor no estaba en el viento. Al viento lo siguió un terremoto, pero el Señor tampoco estaba en el terremoto. ¹² Tras el terremoto vino un fuego, pero el Señor tampoco estaba en el fuego. Y después del fuego vino un suave murmullo. [13] Cuando Elías lo oyó, se cubrió el rostro con el manto y, saliendo, se puso a la entrada de la cueva.

Entonces oyó una voz que le dijo:

—¿Qué haces aquí, Elías?

[14] Él respondió:

—Me consume mi amor por ti, SEÑOR, Dios Todopoderoso. Los israelitas han rechazado tu pacto, han derribado tus altares, y a tus profetas los han matado a filo de espada. Yo soy el único que ha quedado con vida, ¡y ahora quieren matarme a mí también!

[15] El SEÑOR le dijo:

—Regresa por el mismo camino, y ve al desierto de Damasco. Cuando llegues allá, unge a Jazael como rey de Siria, [16] y a Jehú hijo de Nimsi como rey de Israel; unge también a Eliseo hijo de Safat, de Abel Mejolá, para que te suceda como profeta. [17] Jehú dará muerte a cualquiera que escape de la espada de Jazael, y Eliseo dará muerte a cualquiera que escape de la espada de Jehú. [18] Sin embargo, yo preservaré a siete mil israelitas que no se han arrodillado ante Baal ni lo han besado.

———————————

Preguntas del discipulado:

- ¿Cuándo estás más consciente de la presencia y el amor de Dios?

- ¿Cuándo estás menos consciente del amor y la presencia de Dios?

- ¿En qué circunstancia te sientes más inclinado a buscar su presencia?

- ¿Cómo manifiesta Dios su amor por ti?

- ¿Cuál es la mejor manera en la que puedes incrementar tu experiencia del amor y la presencia de Dios?

o   ¿Qué cambios te podrían beneficiar?

> "No hay en el mundo un tipo de vida más dulce y deleitosa, que la de una conversación con Dios; sólo pueden entenderlo los que la practican y la viven." –Hermano Lawrence

Pasos de acción:

o   Tomando en cuenta esto, ¿qué te está pidiendo Dios a ti?

o   ¿Cómo lo llevarás a cabo?

o   ¿Cuándo lo harás?

o   ¿Quién te ayudará?

2ª Parte:

Buscando conocer a Dios más profundamente

Pregunta clave: ¿De qué manera estás buscando conocer a Dios más profundamente?

Dios ha colocado dentro de nosotros un hambre por conocerle. Podemos tratar de muchas formas distintas humedecer, ignorar o redirigir esa hambre, pero permanecerá enterrada dentro de nosotros. Es parte del plano original de quienes somos. Dios nos creó no solo seres emocionales, sino también seres pensantes. Nos preguntamos, cuestionamos, evaluamos. Nuestras mentes tienen hambre por conocer a Dios y entenderlo. Hacia ese fin, nos comprometemos con Él de la misma manera en la que nos comprometeríamos con otra persona: buscamos conocerlo y entenderlo. Hacemos preguntas, escuchamos, observamos.

"La oración no es pedir. La oración es ponerse uno en las manos de Dios, a su disposición, y escuchar su voz en lo profundo de nuestro corazón." –Madre Teresa

Esta semana lee y reflexiona diariamente en la Escritura presentada a continuación. Comienza un fluir natural de oración conversacional con el Espíritu Santo al meditar en las Escrituras, invitándolo a que Él se revele. Luego reúnete con los que estás compartiendo esta trayectoria, e interactúen con las preguntas del discipulado.

Salmos 42:1-2

Cual ciervo jadeante en busca del agua,
  así te busca, oh Dios, todo mi ser.
2 Tengo sed de Dios, del Dios de la vida.
  ¿Cuándo podré presentarme ante Dios?

2 Pedro 3:18

Más bien, crezcan en la gracia y en el conocimiento de nuestro Señor y Salvador Jesucristo. ¡A él sea la gloria ahora y para siempre! Amén.

Colosenses 2:1-9

Quiero que sepan qué gran lucha sostengo por el bien de ustedes y de los que están en Laodicea, y de tantos que no me conocen personalmente. 2 Quiero que lo sepan para que cobren ánimo, permanezcan unidos por amor, y tengan toda la riqueza que proviene de la convicción y del entendimiento. Así conocerán el misterio de Dios, es decir, a Cristo, 3 en quien están escondidos todos los tesoros de la sabiduría y del conocimiento. 4 Les digo esto para que nadie los engañe con argumentos capciosos. 5 Aunque estoy físicamente ausente, los acompaño en espíritu, y me alegro al ver su buen orden y la firmeza de su fe en Cristo.

6 Por eso, de la manera que recibieron a Cristo Jesús como Señor, vivan ahora en él, 7 arraigados y edificados en él, confirmados en la fe como se les enseñó, y llenos de gratitud.

[8] Cuídense de que nadie los cautive con la vana y engañosa filosofía que sigue tradiciones humanas, la que va de acuerdo con los principios de este mundo y no conforme a Cristo.

[9] Toda la plenitud de la divinidad habita en forma corporal en Cristo.

Preguntas del discipulado:

- ¿En qué manera estás buscando conocer a Dios más profundamente?

- ¿Qué has aprendido acerca de Dios últimamente?

- ¿Cómo estás creciendo en ese conocimiento? ¿Cómo estás creciendo en gracia?

- ¿Cuáles son las cualidades del carácter de Dios en las que estás profundizando tu entendimiento?

- o ¿Cómo es que el Padre, el Hijo y el Espíritu Santo te ayudan en tu comprensión de Dios?

- o ¿Cómo estás experimentando el misterio de Dios?

- o ¿Qué efecto tiene el conocimiento de Dios en tu vida diaria?

- o ¿De qué forma puedes continuar creciendo en esta área?

- o ¿Qué cambios podrían beneficiarte a ti?

Lleva tus preguntas ante Dios

Dios no le tiene miedo a nuestras preguntas, y no tiembla ante nuestras dudas. Él no se siente intimidado o disminuido de ninguna manera por nuestras inquietudes. Toma un tiempo para escribir tus preguntas y llévalas a Dios. ¿Qué es lo que te preguntas? ¿Qué quieres saber? ¿Qué es lo que realmente te importa a ti?

Pasos de acción:

- o   Tomando en cuenta esto, ¿qué te está pidiendo Dios a ti?

- o   ¿Cómo lo llevarás a cabo?

- o   ¿Cuándo lo harás?

- o   ¿Quién te ayudará?

3ª Parte:

Reflexionando y aplicando la Escritura en tu vida diaria

Pregunta clave: *¿De qué manera estás reflexionando en la Escritura y aplicándola en tu vida diaria?*

Uno de los regalos más grandes que Dios nos ha dado es su Palabra, las Escrituras. A través de las Escrituras, aprendemos más acerca de quién es Dios, lo que Él ha hecho por nosotros, y cómo le podemos servir. Encontramos en ellas todos los géneros: historia, poesía, historias pequeñas, canciones, obras, filosofía, literatura apocalíptica. Nos queda a nosotros descifrar cómo podemos ahondar mejor en este gran tesoro de las riquezas que Dios nos ha dado.

Distintas estrategias y acercamientos funcionan mejor para distintas personas. Algunos prefieren meditar por un largo periodo de tiempo en un pasaje corto de las Escrituras – leer y volver a leerlo para experimentar el pasaje completamente. Otros prefieren leer porciones grandes de las Escrituras para ver el arco narrativo general y el contexto de la Palabra de Dios. Algunos prefieren no leer, sino escuchar. Después de todo, así es como la mayoría de personas han vivido las Escrituras a través de la historia: alguien más les leía la Biblia. La memorización es otro acercamiento útil para muchos, ya que permite internalizar las ideas a un mayor grado.

Un punto importante es encontrar lo que funcione mejor para ti, y hacerlo. Al interactuar fielmente con la Escritura, conocerás a Dios ahí, al dejar que el Espíritu te hable por medio de su Palabra. El segundo punto es no dejar a un lado lo que estás aprendiendo, sino aplicarlo en tu vida diaria. Entender, sin aplicar, no sirve de nada.

> "Creo que sería bueno, y apropiado, y obediente, y puro, entender esa necesidad singular que tienes y no dejarla ir, colgarte de ella cojeando a donde te lleve." –Annie Dillard

Esta semana lee y reflexiona diariamente en la Escritura presentada a continuación. Comienza un fluir natural de oración conversacional con el Espíritu Santo al meditar en las Escrituras, invitándolo a que Él se revele. Luego reúnete con los que estás compartiendo esta trayectoria, e interactúen con las preguntas del discipulado.

2 Timoteo 3:16-17

[16] Toda la Escritura es inspirada por Dios y útil para enseñar, para reprender, para corregir y para instruir en la justicia, [17] a fin de que el siervo de Dios esté enteramente capacitado para toda buena obra.

Salmos 1:1-3

Dichoso el hombre
  que no sigue el consejo de los malvados,
ni se detiene en la senda de los pecadores
  ni cultiva la amistad de los blasfemos,
[2] sino que en la ley del SEÑOR se deleita,

y día y noche medita en ella.
3 Es como el árbol
   plantado a la orilla de un río
que, cuando llega su tiempo, da fruto
   y sus hojas jamás se marchitan.
   ¡Todo cuanto hace prospera!

Salmos 119:9-16

¿Cómo puede el joven llevar una vida íntegra?
   Viviendo conforme a tu palabra.
10 Yo te busco con todo el corazón;
   no dejes que me desvíe de tus mandamientos.
11 En mi corazón atesoro tus dichos
   para no pecar contra ti.
12 ¡Bendito seas, SEÑOR!
   ¡Enséñame tus decretos!
13 Con mis labios he proclamado
   todos los juicios que has emitido.
14 Me regocijo en el camino de tus estatutos
   más que en todas las riquezas.
15 En tus preceptos medito,
   y pongo mis ojos en tus sendas.
16 En tus decretos hallo mi deleite,
   y jamás olvidaré tu palabra.

———————————

Lleva a cabo una encuesta

Entrevista a otros en el cuerpo de Cristo acerca de la manera en la que ellos se sumergen en las Escrituras. Pregúntales acerca de prácticas tales como meditar en un versículo en particular, leer una cantidad grande de Escritura, memorizar pasajes y escuchar que alguien más lea la Biblia en voz alta. ¿Cuál de todas estas prácticas es la más significativa para cada uno? ¿Cuándo es que han vivido la experiencia más poderosa con dios a través de la Escritura?

Preguntas del discipulado:

- ¿Cómo interactúas tú mejor con la Escritura?

- ¿Cuál acercamiento has intentado?

- ¿En qué forma puedes experimentar una comunicación de ambas partes al interactuar con las Escrituras?

o ¿Qué secciones de las Escrituras te atraen más a ti, y por qué?

o ¿Cómo estructuras tu tiempo en las Escrituras? (por ej., unos cuantos minutos cada día, o una porción más grande una vez a la semana)

o Describe cómo interactúas con las Escrituras en un día típico.

o ¿Cuándo fue la última vez en la que hiciste un cambio en tu vida en base a algo que aprendiste en las Escrituras? Describe ese momento.

o Describe un momento en el que Dios te habló claramente a través de las Escrituras. ¿Cómo respondiste?

o   En qué aspectos de esta área ves que necesitas crecer?

o   ¿Qué cambios piensas que te serían de beneficio?

Pasos de acción:

o   Tomando en cuenta esto, ¿qué te está pidiendo Dios a ti?

o   ¿Cómo lo llevarás a cabo?

o   ¿Cuándo lo harás?

o   ¿Quién te ayudará?

4ª Parte:

Experimentando un diálogo auténtico e interactivo con Dios

Pregunta clave: *¿Cómo dialogas auténticamente con Dios?*

Nunca fue la intensión que nuestra experiencia con Dios fuera una rutina: un deber más de orar para pedir cosas y la rutina de leer un capítulo de la Biblia al día. Una de las cosas revolucionarias acerca de Jesús viniendo al mundo en carne fue comunicar que todo esto de la adoración se trata de una relación. Con la muerte de Jesús, la cortina del templo se rasgo de arriba abajo (esa es la cortina separando al Santísimo de la humanidad). Esa barrera ha sido rota, y ahora podemos entrar a la presencia de Dios a través de fe en Jesús, nuestro mediador.

Lo que tenemos ahora no es simplemente una serie de deberes, o un libro de reglas. Es una relación viva y real con otra persona. ¿Qué hacemos en nuestras relaciones? Hablamos. Escuchamos. Reímos. Pasamos tiempo en la presencia uno del otro... a veces sin tener que seguir un plan u horario, sino disfrutando el uno del otro.

Ahora en el contexto de una relación con el Creador y Señor del universo, ¿cómo es diferente esto? Ciertamente, adoramos. Él está muy por encima de nosotros. Pero también está cerca, y más vale que no quitemos el elemento relacional. Eso es lo que forma la esencia misma de nuestra adoración a Dios.

> "El tiempo ocupado no difiere conmigo del tiempo de oración; y en el ruido y traqueteo de mi cocina, mientras varias personas están al mismo tiempo pidiendo cosas diferentes, yo poseo a Dios en la misma gran tranquilidad que si estuviera de rodillas." — Hermano Lawrence

Esta semana lee y reflexiona diariamente en la Escritura presentada a continuación. Comienza un fluir natural de oración conversacional con el Espíritu Santo al meditar en las Escrituras, invitándolo a que Él se revele. Luego reúnete con los que estás compartiendo esta trayectoria, e interactúen con las preguntas del discipulado.

Mateo 27:45-52

Desde el mediodía y hasta la media tarde toda la tierra quedó en oscuridad. [46] Como a las tres de la tarde, Jesús gritó con fuerza:

— Elí, Elí, ¿ lama sabactani? (que significa: "Dios mío, Dios mío, ¿por qué me has desamparado?").

[47] Cuando lo oyeron, algunos de los que estaban allí dijeron:

—Está llamando a Elías.

⁴⁸ Al instante uno de ellos corrió en busca de una esponja. La empapó en vinagre, la puso en una caña y se la ofreció a Jesús para que bebiera. ⁴⁹ Los demás decían:

—Déjalo, a ver si viene Elías a salvarlo.

⁵⁰ Entonces Jesús volvió a gritar con fuerza, y entregó su espíritu.

⁵¹ En ese momento la cortina del santuario del templo se rasgó en dos, de arriba abajo. La tierra tembló y se partieron las rocas. ⁵² Se abrieron los sepulcros, y muchos santos que habían muerto resucitaron.

Isaías 6:1-8

El año de la muerte del rey Uzías, vi al Señor excelso y sublime, sentado en un trono; las orlas de su manto llenaban el templo. ² Por encima de él había serafines, cada uno de los cuales tenía seis alas: con dos de ellas se cubrían el rostro, con dos se cubrían los pies, y con dos volaban. ³ Y se decían el uno al otro:

«Santo, santo, santo es el Señor Todopoderoso;
    toda la tierra está llena de su gloria.»

⁴ Al sonido de sus voces, se estremecieron los umbrales de las puertas y el templo se llenó de humo. ⁵ Entonces grité: «¡Ay de mí, que estoy perdido! Soy un hombre de labios impuros y vivo en medio de un pueblo de labios blasfemos, ¡y no obstante mis ojos han visto al Rey, al Señor Todopoderoso!»

⁶ En ese momento voló hacia mí uno de los serafines. Traía en la mano una brasa que, con unas tenazas, había tomado del altar. ⁷ Con ella me tocó los labios y me dijo:

«Mira, esto ha tocado tus labios;
   tu maldad ha sido borrada,
   y tu pecado, perdonado.»

⁸ Entonces oí la voz del Señor que decía:

—¿A quién enviaré? ¿Quién irá por nosotros?

Y respondí:

—Aquí estoy. ¡Envíame a mí!

"Es imposible encontrarse con Dios sin abandono, sin exponerse a sí mismo, estar al rojo vivo." –Bono

Una vida de adoración completa: Para adorar a Dios completamente, con tu vida entera, haz una lista de todas las áreas de tu vida que necesitan someterse a Él (por ej., tus relaciones, tu dinero, tu sexualidad, tu vida laboral, etc.) ¿Qué áreas de tu vida estás manteniendo separadas de tu adoración de Dios actualmente? ¿Cómo puedes integrar esas áreas?

Preguntas del discipulado:

- o ¿Qué entiendes tú por una "vida entera de adoración"?

- o ¿Cómo traes tu ser entero ante Dios?

- o ¿Qué más quiere Dios que traigas a la mesa, que no has traído hasta ahora?

- o ¿De qué manera sientes que traes tu ser verdadero ante Dios? ¿De qué manera es esto difícil?

- o ¿Cuándo has procesado tu desilusión o tu enojo con Dios?

o ¿Cuándo has experimentado un asombro de Dios?

o ¿En qué manera te abrirías a experimentar la presencia de Dios en adoración?

o ¿Qué cambios piensas que te serían de beneficio?

Pasos de acción:

o Tomando en cuenta esto, ¿qué te está pidiendo Dios a ti?

o ¿Cómo lo llevarás a cabo?

o ¿Cuándo lo harás?

o ¿Quién te ayudará?

5ª Parte:

Participando activamente en un estilo de vida de adoración

Pregunta clave: ¿Cómo adoras a Dios en espíritu y en verdad, como parte de tu experiencia de una vida entera de adoración?

Hemos sido diseñados para adorar. Si no adoramos a Dios, adoraremos algo más: el éxito, los bienes materiales, o a otra persona. ¿Cómo podemos adorar a Dios en espíritu y en verdad como él quiere que le adoremos? Interactuar con él de manera humilde, íntima, abierta – estar dispuestos a volver a acomodar nuestras vidas de cualquier forma en la que Él esté dirigiendo.

Cuando las personas escuchan la palabra "adoración", a menudo piensan en un servicio de domingo por la mañana – algo colectivo con un grupo grande de personas y cantos. Eso ciertamente puede ser parte de la adoración, pero la adoración es mucho más íntima que eso. En el Antiguo Testamento, Dios mostró que todo ser vivo giraría alrededor de Él... Él es el centro, aún de la manera en la que los Israelitas debían acampar en el tiempo del Éxodo. Con la venida de Jesús, vemos lo lejos que Dios llegará para amar y redimir nuestras vidas.

No es cuestión de "arreglar cuentas" en un acercamiento religioso a Dios, sino un asunto de acercarnos a Dios en "espíritu y en verdad", de la manera en la que lo describió Jesús a la mujer del pozo. Es totalmente un estilo de vida de adoración. Para cada uno de nosotros, eso se verá distinto y variado, así como toda la creación tiene variedad. El corazón y el alma de la vida cristiana es aprender a escuchar la voz de Dios, y desarrollar valor para hacer lo que él nos pide hacer. Esa es un estilo de vida de adoración.

> "Un hombre no puede disminuir más la gloria de Dios al rehusar adorarle, al igual que un lunático no puede apagar el sol al escribir la palabra 'oscuridad' en las paredes de su celda." –C.S. Lewis, *"El problema del dolor"*

Esta semana lee y reflexiona diariamente en la Escritura presentada a continuación. Comienza un fluir natural de oración conversacional con el Espíritu Santo al meditar en las Escrituras, invitándolo a que Él se revele. Luego reúnete con los que estás compartiendo esta trayectoria, e interactúen con las preguntas del discipulado.

Juan 4:19-24

—Señor, me doy cuenta de que tú eres profeta. [20] Nuestros antepasados adoraron en este monte, pero ustedes los judíos dicen que el lugar donde debemos adorar está en Jerusalén.

[21] —Créeme, mujer, que se acerca la hora en que ni en este monte ni en Jerusalén adorarán ustedes al Padre. [22] Ahora ustedes adoran lo que no conocen; nosotros adoramos lo que conocemos, porque la salvación proviene de los judíos. [23] Pero se acerca la hora, y ha llegado ya, en que los verdaderos adoradores rendirán culto al Padre en espíritu y en verdad, porque así quiere el Padre que sean los que le adoren. [24] Dios

es espíritu, y quienes lo adoran deben hacerlo en espíritu y en verdad.

Éxodo 33:8-11

Siempre que Moisés se dirigía a ella, todo el pueblo se quedaba de pie a la entrada de su carpa y seguía a Moisés con la mirada, hasta que éste entraba en la Tienda de reunión. [9] En cuanto Moisés entraba en ella, la columna de nube descendía y tapaba la entrada, mientras el SEÑOR hablaba con Moisés. [10] Cuando los israelitas veían que la columna de nube se detenía a la entrada de la Tienda de reunión, todos ellos se inclinaban a la entrada de su carpa y adoraban al SEÑOR. [11] Y hablaba el SEÑOR con Moisés cara a cara, como quien habla con un amigo. Después de eso, Moisés regresaba al campamento; pero Josué, su joven asistente, nunca se apartaba de la Tienda de reunión.

"Si todos experimentaran a Dios de la misma manera y le regresaran una adoración idéntica, la canción de la iglesia triunfante no tendría una sinfonía, se tocaría como una orquesta en la que todos los instrumentos tocan la misma nota." –C.S. Lewis

Escribe en tu diario: ¿Cómo te imaginas tu una un estilo de vida de adoración? Describe cómo te ves (dónde, cuándo, haciendo qué) cuando estás completamente sumergido en una adoración a Dios.

Preguntas del discipulado:

- o ¿Qué entiendes tú con la frase "Un estilo de vida de adoración"?

- o ¿Qué significa eso para ti? ¿Qué es lo que *no* significa?

- o ¿Cómo te preparas antes de llegar ante Dios?

- o ¿Cómo ves a Dios al adorarle?

- o ¿Qué cualidades sientes en Dios mientras le adoras?

- o ¿Cómo respondes tú a esas cualidades?

- ¿Qué cambios te podrían beneficiar a ti en esta área?

Pasos de acción

- Tomando en cuenta esto, ¿qué te está pidiendo Dios a ti?

- ¿Cómo lo llevarás a cabo?

- ¿Cuándo lo harás?

- ¿Quién te ayudará?

¿Qué sigue?

Así que has terminado esta guía. ¿Ahora qué? Existe alguna otra dimensión del discipulado en la que debes enfocarte? Si es así, ¿en cuál?

Ya que las guías de "Dimensiones del Discipulado de la Viña" no fueron hechas para ser usadas en algún orden en particular, te toca a ti escuchar la voz del Espíritu Santo. Mira más allá, y decide a dónde te está dirigiendo Dios después. Al seguir un sistema integral, siempre habrá una sorpresa. No importa la guía que escojas después, estarás participando en un proceso de acción y reflexión al vivir una vida encarnada y misional.

Tal vez lo que sigue no es otra guía de "Dimensiones del Discipulado de la Viña." A continuación leerás otras opciones como alternativa:

o Puedes continuar con una serie similar, como por ejemplo, las guías tituladas "The Journey Together Now" ("El camino juntos ahora"). Puedes leer más acerca de estas guías, y descargarlas en: www.journeytogethernow.com.

o Si tienes un amigo o mentor con el cual has estado leyendo estas guías, o si te gustaría comenzar a discipular a alguien más, puedes comenzar una relación de entrenamiento en línea en: www.mycoachlog.com – esta es una herramienta que te puede ayudar a mantenerte enfocado, reflexionando acerca de lo que Dios está haciendo, y celebrando el progreso.

o Puedes estar listo para participar en una relación más formal como entrenador de alguien que te puede desafiar a ti al siguiente nivel de una vida misional y liderazgo. Visita: www.loganleadership.com para informarte acerca de cómo ser un asesor ("coaching").

Sin importar lo que siga en tu vida, continúa creciendo siguiendo a Jesús en esta trayectoria de discipulado.

www.ingramcontent.com/pod-product-compliance
Lightning Source LLC
Chambersburg PA
CBHW071938020426
42331CB00010B/2928